Vieux Souvenirs

SUR

Damville

PAR

Benjamin DAUPHIN

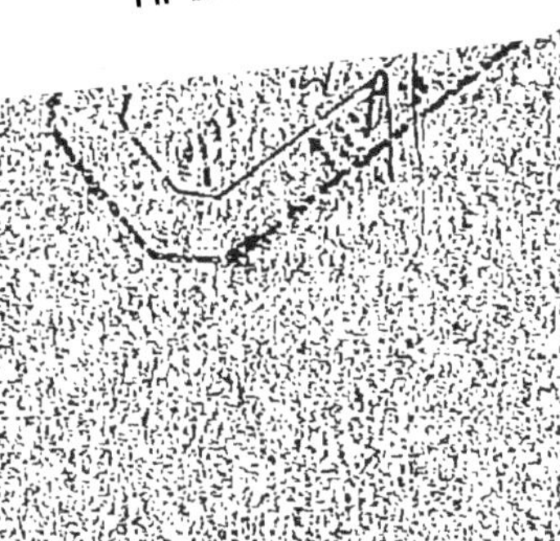

BEAUVAIS

IMPRIMERIE PROFESSIONNELLE

4, RUE NICOLAS-GODIN, 4

—

1895

AF242425

L⁷ᴷ
29918

Vieux Souvenirs

SUR

Damville

PAR

Benjamin DAUPHIN

BEAUVAIS

IMPRIMERIE PROFESSIONNELLE

4, RUE NICOLAS-GODIN, 4

—

1895

Lk⁷ 29918

VIEUX SOUVENIRS

SUR

DAMVILLE

Les faits qui se sont passés depuis mon enfance, dans ce pays où je suis né, sont si présents à ma mémoire, que beaucoup de personnes, auxquelles j'ai eu l'occasion d'en raconter quelques-uns, m'ont engagé à les consigner par écrit, pour renseigner la génération actuelle.

J'ai longtemps hésité, dans la crainte d'être entraîné, sans mauvaise intention, à me livrer sur les personnes et les choses, à des appréciations qui pourraient appeler des discussions, ou être mal interprétées.

Je me suis enfin décidé à prendre la plume, avec l'intention bien arrêtée d'éveiller le moins possible les susceptibilités et les récriminations.

Je le répète, mon but est de mettre au courant ceux qui n'ont pas vieilli dans le pays, de son état et de ses mœurs d'autrefois.

Je serai bien amené, ce qui m'a fait hésiter, à parler de moi et de mes escapades d'écolier.

Pour ce qui concernera les autres, je serai plus réservé.

Je n'ai pas de plan arrêté ; je pense qu'il serait bon de prendre d'abord les rues successivement, pour rendre leurs anciennes physionomies, et, en même temps, pour signaler quelques types qui m'ont frappé, dans ma jeunesse, parmi les habitants.

Je commence par la rue des Puiseaux, où je suis né :

En tête de cette rue, se trouve la ferme de la Portaiserie, qui dépend de la commune des Minières.

Cette ferme était exploitée par la famille Saintemême ; la fermière avait une coiffe appelée bonnet piqué, tout à fait du vieux temps.

Ma bonne mère m'envoyait quelquefois chercher de la crême à cette ferme. La mère Saintemême me faisait bonne mesure, sachant bien que, sa marchandise étant épaisse, mon doigt s'y plongerait à plusieurs reprises, et voulant ainsi m'épargner des réprimandes.

La première maison de la rue était occupée par un charron, que l'on appelait les *Boyaux-Tendres,* à propos d'une maladie qu'il avait eue, et où il s'était montré plus que ridicule aux yeux du médecin.

La seconde maison était, comme aujourd'hui, à usage d'auberge et était occupée par les époux Lorain, qui avaient plusieurs enfants ; l'aîné n'était pas plus tendre que moi à l'égard des petits oiseaux. — Nous grimpions dans les arbres et, en terme d'écoliers, nous dénichions les nids.

Nous ne connaissions pas alors la charmante romance commençant ainsi, je crois :

> Ce nid, ce doux mystère,
> Que vous guettez d'en bas,
> C'est l'espoir du printemps,
> C'est l'amour d'une mère ;
> Enfants, n'y touchez pas !

Une romance pareille aurait pu nous désarmer et eût évité un malheur : mon ami Lorain est tombé d'un arbre ; une longue maladie, qui a causé sa mort, s'en est suivie. — Je ne parle pas des accidents et des ennuis de tout genre que ma passion pour troubler les jolis petits oiseaux dans leurs couvées si respectables, m'a causés. — Du reste, je n'avais pas que cette passion ; j'avais toutes celles des gamins : glissades, guerre avec boules de neige, etc., etc.

Je m'aperçois qu'en prenant chaque rue et en quelque sorte chaque maison, j'entrerais dans trop de détails.

Je me bornerai donc à esquisser l'état ancien du pays et à faire les réflexions qui me seront suggérées par les faits.

Je reviens d'abord à la ferme de la Portaiserie, qui était loin d'être aussi bien bâtie qu'aujourd'hui.

Près de cette ferme, un chemin tortueux était pratiqué entre deux grosses haies d'épines, et, à une certaine distance, se divisait en deux parties ; l'une à gauche, pour se diriger sur Evreux, et l'autre à droite pour aller à Saint-André.

A l'endroit où le chemin se divisait ainsi, il y avait, joignant ce que l'on appelait et que l'on appelle encore le Haut-Bois, une pâture où tous les dimanches, dans l'été, des danses s'organisaient au son du violon du ménétrier Dubreuil.

Ces danses, auxquelles j'ai quelquefois pris part, étaient très intéressantes et très animées.

Les mamans prenaient plaisir à voir leurs filles s'amuser. — Leur présence n'avait pas pour but de les surveiller. — Sauf de bien rares exceptions, elles pouvaient avoir une pleine confiance !

A Coulonges, près de Damville, le jour de Sainte-Claire, on venait de très loin en pèlerinage, faire dire des évangiles.

A la suite des dévotions, de nombreuses contre-danses s'organisaient. C'était une très belle fête que les circonstances et un changement dans les mœurs ont fait cesser trop tôt. — J'en ai conservé de très bons souvenirs.

Je pourrais dire beaucoup de choses assez drôles sur le compte d'un ancien maire de Coulonges.

Je ne vais en citer que deux :

La première se rapporte à une lettre de M. le Procureur du Roi, qu'il vint me communiquer, et qui lui demandait si une fille Huart, je crois, condamnée pour rupture de ban, possédait des immeubles dans la commune. Après avoir lu cette lettre, je lui dis qu'elle avait pour but de prendre inscription sur les biens de la fille Huart, pour raison des frais de condamnation.

« Frais de condamnation, reprit-il, pour avoir cassé un méchant banc de sapin ! cette pauvre fille sera bien aise de retrouver son brin de bien quand elle reviendra ; j'ai chez moi une bonne planche en cœur de chêne, qui vaut mieux que le banc de sapin ; je la porterai samedi au Procureur et j'espère qu'il la laissera tranquille ».

La seconde est relative aux élections municipales.

Quelques électeurs étant arrivés dans la salle, demandèrent l'ouverture de la séance.

Le maire répondit : « Mon bureau n'est pas encore arrivé ; j'ai prévenu hier soir des bons garçons qui vont venir ».

Là-dessus, rumeurs et réclamations ; les bons garçons arrivent et se placent au bureau, malgré les protestations.

On reçoit les votes.

Dépouillement fait des bulletins, un candidat qui déplaisait au maire et par lequel il craignait d'être remplacé, fut proclamé conseiller municipal à une faible majorité.

Le maire rencontra le lendemain ce candidat et lui

dit : « J'ai dit hier que tu étais conseiller municipal ; mais j'ai emporté les bulletins chez moi, et, tout bien supputé, ce n'est pas toi qui as été élu, c'est un tel ».

Comme compliment de cette manière de procéder, M. le Préfet a révoqué le pauvre maire.

En face de la ferme de la Portaiserie, il y avait une pâture, qui est maintenant en labour. Elle produisait des herbes et des fleurs, comme dans les prairies naturelles.

Tout le produit de cette pâture était abandonné gratuitement par le propriétaire, pour mettre les habitants à même de garnir et orner les rues, sur le passage des processions du Saint-Sacrement, à l'époque de la Fête-Dieu. Le clergé s'arrêtait à beaucoup d'endroits où il y avait des reposoirs, garnis de fleurs, et d'objets d'art, que l'on mettait à la disposition des organisateurs.

Le long de la rivière, sur la rue des Puiseaux, existait une rangée de peupliers. Lorsqu'ils ont été abattus, la voiture publique, dite patache, de Verneuil à Evreux, a culbuté dans la rivière. Cette voiture servant principalement au transport des nourrices qui allaient prendre, à Rolleboise, la Gaillotte, et ensuite les voitures dites coucous, pour se rendre à Paris, donne l'idée de la commodité et de la vitesse dont on jouissait alors pour voyager.

Au moment de la culbute dans la rivière, aucun malheur grave ne s'est produit ; mais on peut se faire une idée des cris proférés par les nourrices et les petits enfants !

Près des granges et écuries de l'hôtel de la Poste, où il y a une place publique, il existait un fossé très profond plein d'eau noircie par le purin provenant du fumier de l'hôtel, et additionnée de tout ce que l'on y jetait : c'était infect.

Le long de ce fossé, un sentier conduisait dans les

champs qui servaient de charnier. On y jetait ou déposait des chevaux, chiens et autres animaux, sans les enfouir et sans prendre aucunes autres précautions. Il en résultait des exhalaisons mauvaises à tous égards et les enfants, sans en être empêchés, prenaient plaisir à s'en approcher.

Dans une assez grande longueur, sur la rue des Puiseaux, et dans une profondeur à peu près égale, il y avait des bâtiments en partie couverts en chaume et une grande cour composant l'auberge Saint-Martin.

Cette auberge était en très mauvais état, et la cour, au point de vue de l'hygiène, laissait beaucoup à désirer. Je me souviens que les gamins montaient à même des barres de la grande porte d'entrée, qui restait toujours ouverte, et qu'entre cette porte et la muraille, ils avaient établi une espèce de cabinet d'aisances, qui était toléré, et dont l'effet s'ajoutait aux mauvaises odeurs de la cour.

La poste aux chevaux existait à Damville, comme dans toutes les villes de France, pour mettre à même les membres du gouvernement, dans les cas graves, puis des personnes de qualité ou de grande fortune, de franchir rapidement les distances.

Le maître de poste de Damville était en même temps cultivateur ; lorsqu'une calèche arrivait, il fallait courir dans les champs après les chevaux, les garnir, leur donner l'avoine et chercher un ou plusieurs postillons. Tout cela demandait beaucoup de temps, pendant lequel des imprécations et des menaces ne cessaient de s'adresser au maître de poste, qui avait soin de s'esquiver.

La halle actuelle a remplacé une longue et ancienne halle.

Une autre halle, que l'on appelait halle aux sabots, et sur laquelle existaient la mairie et la justice de paix, a été détruite, et la place est restée libre.

Sous cette halle, un nommé Potier et une femme dite *la Grand'-Mignonne* sont restés toute une nuit, à la suite de libations, ivres-morts.

On les a trouvés dans un état et une position inénarrables.

Ces individus, un nommé Lespérance, les frères Olive, le père *Sans Gène*, toute une famille Drian, dont un, sorti du Bagne, vivait avec sa sœur, dans une tanière près des Chérottes, faisaient la honte du pays.

Ils commettaient toute espèce de fautes et de dérèglements. La police était mal faite; il n'existait pas de gendarmes; deux de la brigade de Nonancourt venaient les jours de marché. Ils passaient leur temps dans les cabarets, et ils étaient en tel état le soir qu'ils ne pouvaient pas monter seuls sur leurs chevaux.

Maintenant la gendarmerie se distingue par le sentiment du devoir et la bonne tenue.

Le hameau des Chérottes, dépendant de Damville, n'était habité, pour ainsi dire, que par des maquignons et individus fréquentant assidûment les foires et marchés, pour y tout faire, excepté le bien. Ils revenaient des lieux de leurs exploits, plus ou moins ivres, laissant, avec intention, leurs bestiaux divaguer dans les récoltes.

Les rues n'étaient pas bien entretenues; il n'y avait nulle part de trottoirs; on ne pouvait y circuler sans avoir des sabots; des excréments et détritus s'y trouvaient fréquemment.

Il n'y avait que des passerelles où la rivière existait dans la ville; les chevaux et voitures devaient la traverser et il en résultait souvent des accidents et des malheurs.

L'hiver, lors de la fonte des neiges et des glaces, et des grandes eaux, les caves étaient inondées.

Les cabinets d'aisances, qui existaient le long de la

rivière, y excédaient à beaucoup d'endroits ; il en résultait, dans les hivers, des inconvénients et dommages de toute sorte.

Il n'y avait pas de dégagement, à la suite de la rue aux Juifs, pour se diriger sur Breteuil et Conches. Il fallait aller par la rue des Lombards et par Mousseaux.

La foire de Sainte-Catherine (25 novembre) était très importante ; il y avait beaucoup de moutons et autres bestiaux ; les chemins étaient en si mauvais état que, toute la nuit précédant cette foire, les cloches ne cessaient de sonner pour guider et renseigner les voyageurs qui s'égaraient ou restaient, avec leurs chevaux et voitures, dans des fondrières ou grandes ornières.

Damville, vers 1815, avait une belle occasion, non disputée ni contestée, de prendre quelque importance et de l'extension, par le passage de la grande route d'Evreux à Nonancourt, route dont les études avaient été faites par les soins de M. Froger Deschênes, maire ; mais M. Routier - Maisonville, qui lui a succédé comme maire, qui y aurait eu un grand intérêt personnel, à cause de ses possessions dans la ville et aux environs, étant encore sous le coup de l'occupation étrangère, qui nous avait été si fatale et craignant qu'une grande route ne donnât lieu à des passages et à des logements réitérés des troupes, a, d'accord avec le Conseil municipal, abandonné les études et le projet si bien préparés par son prédécesseur, et renoncé à la grande route : ce qui a étonné l'administration départementale. Il en est résulté que cette route, sur la demande subite de M. de l'Hôpital et dans son propre intérêt, a passé par Thomer, où il possédait des fermes, et à travers champs, sans profiter à aucune agglomération d'habitants.

Damville s'est trouvé ainsi réduit à sa propre et simple expression, et aucune occasion d'amélioration de ce genre ne s'est plus présentée.

Après M. Routier-Maisonville, les fonctions de maire ont été longtemps remplies paternellement et avec intelligence par M. le docteur Vernhes. Peu de travaux ont eu lieu sous son administration ; son budget ne le permettait pas. En dehors de ce petit budget, il arrivait à organiser des fêtes à la Saint-Louis, où l'on dansait et où l'on chantait en chœur : « Jurons d'être à Louis fidèles, jurons, jurons de vivre sous ses lois, etc., etc. »

M. Allaire a succédé à M. Vernhes pendant peu de temps. Il a eu la bonne idée de remettre, dans son état primitif, la lanterne du clocher, qui avait été bouchée. Il s'est opposé à des plantations devant l'église, plantations que l'on a eu le tort d'établir depuis.

Il a cédé gratuitement du terrain de son jardin pour l'agrandissement du chœur de l'église.

Pendant assez longtemps, il n'y avait de moyen de transport pour Evreux que deux fois par semaine, dans une voiture *suspendue sur essieu*, conduite par la mère Léveillé qui pourvoyait de beurre le petit séminaire d'Evreux.

La route était mauvaise ; on sortait d'un mauvais pas pour tomber dans l'autre ; il fallait sept heures pour faire dix-neuf kilomètres. En revenant, les voyageurs conduisaient la voiture ; la mère Léveillé n'était *plus* en état de faire son service.

Les routes, pour aller à Saint-André et à Conches, étaient encore plus mauvaises que celle conduisant à Evreux. Cinq ou six marchands, qui se rendaient à ces deux villes, étaient obligés de voyager en même temps pour s'entr'aider, avec leurs chevaux, à se tirer des boues et fondrières.

Si l'on était arriéré pour les moyens de transports, on ne l'était pas moins sur les moyens de correspondre par écrit. Je me souviens que M. Giguerre, receveur de la Poste, attendait le jour du marché, pour chercher lui-même des occasions de faire passer les lettres destinées aux communes du canton, et qui n'y arrivaient pas toujours intactes.

Il n'y avait pas encore de facteurs ruraux.

Quand ils ont été institués, ils ne faisaient que deux tournées par semaine. Au bout d'un certain temps, les maires furent consultés sur l'utilité d'un service journalier ; la plupart et principalement le maire de Coulonges, répondirent, croyant qu'il s'agissait d'un service spécial pour les *journaux*, qu'il n'y avait pas lieu de l'établir.

Un jour, un habitant du canton, qui avait trouvé moyen de faire disparaître les chancres des arbres et qui avait reçu une lettre de la Société des Sciences et Arts de l'Eure, l'invitant à faire partie de cette Société, vint me trouver et me dit : « On me demande dix francs par an pour être de « l'Académie française », quai que vous m'en dites ? » — « Acceptez vite, lui répondis-je, c'est une grande faveur que l'on vous accorde en récompense de votre moyen de guérir les arbres ». A toute occasion il se vantait d'avoir été *reçu* de l'Académie française.

Lors d'un concours agricole, le conseiller général fit un discours, où il parla de moyens nouveaux de culture et d'ensemencement.

Pendant ce discours, un vieux cultivateur des Essarts était appuyé sur son bâton. En descendant de l'estrade, le conseiller général l'interpella sur ce qu'il avait dit. Il lui répondit : « Dame, Mousieur, vous avez p't'être ben causai ; je ne m'y connais pas ; je ne connais qu'eune chôse, moi : « c'est du fient, pis cor du fient ».

Un Monsieur riche, très avare, qui était bien connu à Damville, où ses intérêts l'appelaient assez souvent, s'est parfaitement peint lui-même. Il racontait en présence de plusieurs personnes, dont je faisais partie, dans l'étude d'un notaire, qu'au moment où l'on venait de mettre en circulation les pièces de quatre sous, il en avait, par mégarde, reçu une pour cinq sous.

« J'ai, disait-il, été refait d'un sou, et savez-vous comment je me suis retiré d'affaire ? J'ai rencontré une dame qui ne connaissait pas encore les pièces quatre sous ; je lui proposai la mienne, comme chose toute nouvelle, en lui disant qu'elle me coûtait cinq sous. Elle l'a acceptée ». Puis, s'animant, les yeux étincelants de grande satisfaction, il dit, en frappant dans sa main : « j'ai retrouvé mon sou ! ! ! »

Est-ce typique ?

J'ai connu, à Damville, la Garde Royale à la fin du règne de Louis XVIII et sous le règne de Charles X, puis la Garde Nationale sous le règne de Louis-Philippe. Il y aurait bien des drôleries à raconter sur ces beaux militaires, mais ils ont été enterrés légalement, que Dieu veuille les faire reposer en paix !

Faute de bon état et de bonne tenue du pays, on se résignait. La vie n'y était pas désagréable, les mœurs y étaient douces et tranquilles, la bonne foi y existait ; la parole valait mieux que des écrits ambigus. C'était la bonne fraternité.

Des rivalités entre certaines professions laissaient bien un petit levain ; mais, à toute bonne occasion, d'un coup de baguette, on se réunissait et l'on s'amusait franchement.

Le jour des lessives, on ne laissait jamais les maris chez eux, sachant que leurs femmes étaient dans tous leurs états. Ils étaient invités par les amis. Cela se passait ainsi à tour de rôle.

La vie n'était pas chère. Il y avait des rentiers qui se contentaient de 12 à 1,500 francs par an.

L'esprit de famille existait, on ne manquait pas de se visiter au jour de l'an ; puis, au moment des Rois, tous les parents se réunissaient et les enfants apportaient des provisions où il en manquait. Les domestiques avaient carte blanche pour aller rejoindre leur famille et ils n'arrivaient pas les mains vides.

Le jour des Rois était une grande fête pour les enfants. Ils se promenaient le soir, et ceux qui ne pouvaient encore marcher, étaient portés par leurs mères. Ils avaient, au bout d'un bâton, une belle lanterne en papier, appelée *mourine*. Ils chantaient ou l'on chantait pour eux: *Adieu les Rois*, etc.

Au carnaval il y avait des parties assez bien organisées et des costumes convenables, puis des rôles assez spirituellement choisis. Il n'y avait pas les mêmes préoccupations qu'à présent; on s'amusait franchement, sans arrière pensée.

On annonçait avec grand fracas, en termes fantastiques, des spectacles où le public était toujours mystifié et riait de sa mystification, après avoir payé, sans difficulté, son entrée.

Quand arrivait le Mardi-Gras, après avoir promené Mardi-Gras en voiture, on prononçait sa sentence et on le brûlait en place publique.

Mais, dans la promenade, si l'on rencontrait des individus qui avaient été en état d'ivresse pendant l'année, on les montait dans la voiture, à côté de Mardi-Gras.

Il y avait à Beauvais et dans les villages du canton bon nombre de fier-à-bras, qui cherchaient querelles de parti pris, principalement dans les fêtes publiques dites « Assemblées ». C'est à cause d'eux que ces fêtes où les jeunes filles dansaient sous les yeux de leurs parents, ont cessé d'exister.

Dans ce que l'on appelait la société, on avait aussi le bon esprit de s'amuser.

Une famille de bons musiciens, dont l'un avait été élève du Conservatoire, existait à Verneuil.

Cette famille était appelée à Evreux, à la Préfecture,

les jours de bals. A son retour, nous ne manquions pas de la retenir et nous organisions, aussi, sans grands frais, des bals où il y avait de l'entrain et une franche gaîté.

Il nous est arrivé, à plusieurs reprises, de jouer la comédie dans d'assez bonnes conditions.

Comme promenade et distraction, avant les améliorations et changements survenus à Damville, il y avait une vaste garenne à la disposition du public. Que de bons moments et de bonnes impressions y ont été éprouvés, selon les âges des promeneurs! Après le percement des allées, on s'y retrouvait et reconnaissait; mais, hélas! avant ce percement, il paraît que beaucoup s'y sont égarés !...

Sous le rapport de l'instruction, nous étions bien mal partagés :

Au début, pour apprendre à lire, nous avions un vieil homme, qui avait d'abord été tailleur, qui était coiffé d'une espèce de bonnet de forçat, et que l'on appelait le père Fougy.

On le payait 75 centimes par mois, avec obligation d'apporter son bois l'hiver ; c'était à qui apporterait le plus gros morceau, et les gamins se livraient quelque fois bataille dans le trajet pour arriver à l'école.

Ce pauvre homme, une fois placé sur son fauteuil, par sa femme, ne pouvait plus remuer ; il nous faisait approcher pour nous faire lire et nous donner des coups de férule : ce dont il ne se privait pas assez.

Un jour, la mère Fougy me poursuivait dans la classe, pour me mettre le bonnet d'âne ; je voulais trouver un moyen de l'occuper, pour ouvrir la porte et échapper à la honte que l'on me préparait. Le père Fougy mangeait sa soupe dans une terrine et ses mains tremblaient; j'eus la mauvaise idée de renverser cette terrine et la soupe en même temps ; la mère Fougy, stupéfiée, s'arrêta, et j'ouvris vite la porte. On me menaça, pour la classe suivante, de me donner le fouet... Je savais que le bonhomme avait de mauvais ciseaux ; je fis attacher, par ma sœur, qui avait quinze ans de plus que moi, mon pantalon et mon gilet avec des morceaux de cuir ; les ciseaux du père Fougy ne firent que les mâchonner, et il m'envoya en punition dans la cave, où était déjà un camarade du nom de Guignard. Celui-ci me proposa de lâcher le cidre ; je m'y refusai ; je lui dis de me faire la courte échelle, en lui promettant de lui passer une échelle, pour qu'il pût monter à son tour ; mais, comme j'étais sur le mur, d'où je sautais chez le voisin, la mère Fougy survint, et mon ami Guignard fut pris.

Je connais beaucoup d'autres choses sur le compte du vieux couple Fougy, dont je regrette de ne pouvoir reproduire les traits, et sur les mauvais tours des gamins ; mais je ne veux pas en parler, pour ne pas donner la peine de les lire.

Cependant, je ne veux pas passer sous silence les noms du père Thuilier, tourneur en bois, et du père Dubois, dit *Ribotteau*, tonnelier. Ces deux braves gens ne manquaient pas, chaque fois qu'ils passaient devant leur boutique, d'agacer les écoliers, qui leur tenaient bien tête. C'était, pour eux tous, une distraction passée en habitude.

J'ai aussi été enfant de chœur.

J'ai à me reprocher beaucoup d'espiègleries ; mais je n'ai jamais dîmé le vin qui était destiné aux prêtres.

Je n'ai trouvé qu'une seule morille pendant ma vie ; mais elle était de belle taille. Je la vis dans une haie, étant en procession des Rogations. Je mis de côté mon chandelier et j'entrai, avec mon surplis, dans la haie. Le bon curé Lenouvel, qui observait mes mouvements, m'a appliqué, à ma sortie de la haie, un fort coup de son livre sur la joue.

Cet excellent curé, un jour de l'an, j'étais en toilette pour lui faire ma visite et recevoir 5o centimes, comme d'usage ; dans ma précipitation, je suis tombé dans la boue. Ma toilette refaite, je suis allé m'excuser et adresser mes souhaits ; mais j'ai manqué mes 5o centimes, que j'avais fait figurer d'avance dans mon budget !

Ce curé-doyen était bon et charitable au dernier point ; il a exercé son ministère à Damville, pendant plus de cinquante ans. Il est mort pauvre et vénéré.

Je regrette que l'on ait laissé le monument que les paroissiens lui avaient fait élever dans le cimetière, se dégrader, et que l'inscription ait disparu. Je contribuerais volontiers, pour ma part, à rétablir ce monument.

Aux mariages qui se célébraient à Damville, on se rendait généralement à pied à la mairie et à l'église.

Je n'ai jamais vu aucun mariage se réaliser sans les cérémonies et le sacrement religieux.

Les inhumations avaient lieu avec le concours de la Confrérie de charité.

Un tintenellier, un porte-bannière et deux petits clercs de charité, avec des cierges, marchaient en tête du convoi.

J'espère que l'on voudra bien me pardonner les digressions qui m'ont échappé en racontant mes vieux souvenirs, surtout si l'on veut bien réfléchir que j'en ai élagué beaucoup d'autres, dont la lecture eût été fastidieuse.

Maintenant, je vais parler savamment et exactement des changements et améliorations apportées à l'ancien état de choses.

Les trois ponts en maçonnerie, y compris celui de Mousseaux, qui ont remplacé les passerelles, ont été faits sous l'administration de M. Abrouty, maire; ceux de l'intérieur ont eu lieu sur les économies du maigre budget. Je ne me souviens pas par quels moyens on est arrivé à construire celui de Mousseaux. Ce que je sais, c'est que M. Abrouty avait toujours peur de grever la ville et les contribuables. Son système, était bon.

La halle nouvelle a été construite sous l'administration de M. Damitte.

Les dégagements, à l'entrée des routes d'Evreux et de Saint-André, se sont réalisés sous l'administration de M. Renard.

Ceux à l'entrée des routes de Breteuil et de Conches, les plantations qui en ont été la conséquence, et l'établissement d'un pont, ont eu lieu sous l'administration de M. Malteau.

Après le décès de cet administrateur distingué, arrivé pendant la présidence du prince Napoléon, comme l'on s'attendait d'un moment à l'autre à de nouvelles élections, on ne procéda pas à l'élection d'un maire; on se borna à nommer une commission municipale, qui dura plus d'un an, et dont je fis partie; les deux autres membres furent MM. Damitte et Désaché.

Sous cette administration provisoire, au nom de M. Renard, qui était absent de Damville et qui avait des raisons particulières pour s'abstenir de donner gratuitement son château et ses dépendances à la ville, on proposa la cession de cette importante propriété pour le prix modique de vingt mille francs.

Ce fut moi, comme administrateur, qui transmis cette proposition au conseil municipal.

Un des membres crut devoir la rejeter, en disant qu'il serait préférable d'acheter un terrain appartenant à M. Fauveau, voisin de l'église, et d'y faire les constructions qui seraient nécessaires.

Craignant d'indisposer M. Renard, en lui faisant connaître cet incident et qu'il renonçât à ses bonnes dispositions, je levai la séance, et, d'accord avec mon frère, qui représentait M. Renard, nous lui écrivîmes que les revenus de la ville n'étant pas importants, il serait difficile d'arriver à former le capital nécessaire pour lui payer vingt mille francs; que s'il voulait bien, comme prix de son château, charger la ville d'une rente viagère, dont il était tenu envers M. Abrouty (cadet), il lui serait plus facile d'arriver à effectuer sa libération.

M. Renard ayant accepté cette combinaison, je l'ai mise sous les yeux du conseil municipal, qui l'a acceptée unanimement.

C'est par ce moyen que la ville est devenue propriétaire d'un aussi bel immeuble, qui a présenté des avantages incontestables, puisqu'il a permis d'y installer tous les services de la ville, tandis que l'acquisition du terrain de M. Fauveau, rêvée par un conseiller municipal, dans un intérêt personnel mal dirigé et mal entendu, eût entraîné dans des frais énormes de construction et eût été désastreuse pour la ville, sans lui procurer les dépendances et la belle place publique dont elle jouit actuellement.

L'établissement de la rue partant de la place de la halle, pour s'accorder avec la route de Verneuil, et celui des rues du Bel-Air et de Sainte-Catherine ont eu lieu sur des terrains appartenant à M. Biquet; l'idée en est venue à mon frère, et M. Biquet lui a donné carte blanche; c'est donc mon frère qui a tout dirigé.

Si M. Biquet y a trouvé son intérêt, la ville a pu, grâce à lui et à mon frère, ainsi s'étendre et s'embellir.

La rue de la citadelle, qui n'était que peu construite d'un côté, et peu large, a été élargie par mon frère, qui y a fait des constructions et qui y a fait établir un puits dont les habitants devaient profiter. — L'usage de ce puits a été abandonné pendant long-

temps, et, il y a quelques mois, de mon consentement, à cause de mes droits de propriété, il a été remis en état et en valeur.

En face de cette rue, l'entrée de la place de la halle était très étroite et présentait des dangers ; elle s'appelait, à cause de cela, *Trou-au-Chat* : mon frère est arrivé à la faire élargir.

Ces changements et améliorations ont eu lieu : partie sous l'administration de M. Abrouty, un peu blessé de n'en avoir pas eu l'initiative, et un peu craintif que ces changements ne conduisissent la ville dans des dépenses de raccords ou autres, et partie sous l'administration de M. Damitte, qui était moins timoré.

Mon frère, sur son propre terrain, avait établi une avenue en face la place de la mairie, qui longeait et contournait un jardin lui appartenant, enclos de murs.

Comme son héritier, j'ai vendu à la ville cette avenue et une partie de ce jardin, qui forment ensemble maintenant une place publique.

Toujours en ma qualité d'héritier de mon frère, j'ai encore vendu à la ville un terrain pour la construction de maisons d'école de garçons et de filles, avec grand jardin ; puis je lui ai abandonné, après, et à l'occasion de cette vente, la propriété des rues longeant et contournant ce terrain, que mon frère avait établies à grands frais, et se prolongeant jusqu'à la gare du chemin de fer, à la condition que ces rues seraient publiques et entretenues par la ville.

Ces deux ventes, réalisées, l'une sous l'administra-

tion de M. Mouton, maire, et l'autre sous l'administration de M. Le Goux, se sont ajoutées aux avantages
et améliorations déjà opérées pour la ville.

J'aurais bien désiré faire communiquer ma seconde
vente avec la première, dont l'objet est devenu place
publique, et relier ainsi cette place à l'emplacement
des écoles.

J'ai, à cet effet, offert d'abandonner gratuitement,
sur un terrain intermédiaire qui m'appartenait, l'emplacement d'une rue de 4 mètres de large ; mais il eût
fallu qu'un semblable abandon, gratuit ou non, fût
fait par les enfants de M. Damitte.

Je regrette beaucoup qu'ils s'y soient refusés, cette
communication étant d'une grande et évidente utilité.

J'en suis tellement convaincu que si j'étais maire,
je provoquerais une expropriation pour l'établir.

Je constate avec plaisir que, grâce aux améliorations
réalisées, à un bel édifice religieux, aux nouvelles constructions privées et autres ; au soin que prennent les
particuliers d'entretenir et embellir leurs habitations,
Damville est maintenant une petite ville coquette, que
le chemin de fer permettra à des parisiens de venir
habiter, au moins l'été.

Mon frère (Jacques-Denis Dauphin), jusqu'à son
décès, qui a eu lieu le 22 novembre 1875, a toujours
habité Damville, où il est né le 26 octobre 1804.

Il aimait beaucoup son pays et a fait tout ce qui
dépendait de lui pour son extension et son embellis-
sement.

Sans une faillite, qui a absorbé en très grande
partie sa fortune, son intention bien arrêtée était d'y
faire construire et fonder un hospice.

Il n'est entré au conseil municipal qu'après le décès
de M. Abrouty, son beau-frère ; ils ne pouvaient pas,
légalement, y être en même temps.

Il a rempli les fonctions de maire, du 22 novembre

1874 au 1er avril 1875, après avoir été élu conseiller municipal par 179 suffrages sur 221 votants.

Par suite de la maladie à laquelle il a succombé, trois administrateurs provisoires ont d'abord été nommés.

Il était très lié, depuis son enfance, avec M. Ange Petit, juge honoraire près le Tribunal civil d'Evreux, membre du conseil général, ancien président de la Société d'agriculture de l'Eure, qui a aussi montré son attachement à son pays natal, par des bienfaits, qui se renouvellent tous les trois ans, et auxquels son fils, M. Léon Petit, conseiller d'arrondissement, ajoute à chaque instant, par ses bontés, son activité et son patriotisme éclairé.

Autrefois, il n'y avait pas beaucoup de pauvres à secourir à Damville.

Je ne sais s'il y en a plus à présent.

Mais, ce que je sais, c'est que M. le marquis de Chambray ne les a jamais oubliés, et qu'il ne cesse de donner des preuves de son entier dévouement aux intérêts du canton.

Je ne dois pas oublier de rendre un bon témoignage à la mémoire de mon regretté ami Bouquelon.

Il a fait preuve d'un grand patriotisme en acceptant, par suite du décès de M. Monnier, les fonctions de maire, en pleine occupation prussienne. Il a laissé aux archives une œuvre digne d'un bénédictin ; c'est la reddition exacte de tous les comptes se rattachant aux charges qu'il a fallu subir.

Je suis né à Damville, le 18 mai 1815. Je n'ai cessé de l'habiter qu'à la fin de 1853.

J'ai fait partie du conseil municipal pendant dix ans. J'ai, pour ainsi dire, été toujours désigné par mes collègues, comme secrétaire. Aux élections du 5 septembre 1852, j'ai été honoré de 185 suffrages sur 195 votants ; par conséquent élu 1er conseiller municipal.

Je suis juge de paix depuis vingt-sept ans et demi. J'ai plus de quatre-vingts ans; j'ai perdu tous mes vieux amis; je n'ai plus de perspective autre que celle d'être transporté à mon pays natal, pour me joindre à mes parents bien-aimés, qui m'ont précédé dans la tombe.

Je réaliserai, en rentrant dans notre église aimée, partie de ce qu'a dit, en vers si charmants, M. Ange Petit :

« L'enfant qu'on y porta riant, dans son berceau,
« Y repasse vieillard, pour descendre au tombeau.

DAUPHIN (Pierre-Benjamin).

Beauvais, 31 octobre 1895.

FIN

BEAUVAIS, IMPRIMERIE PROFESSIONNELLE.

www.ingramcontent.com/pod-product-compliance
Lightning Source LLC
Chambersburg PA
CBHW061612050726
47595CB00007B/2913